Pour faire fuir :

les casse-pieds, les importuns, les pénibles, les curie[…] les indiscrets et toutes ces sortes de gens, *Le Guide des […]* a le plaisir de vous offrir une superbe pancarte à placarder sur votre entrée.

Comment l'utiliser si vous ne comprenez pas tout seul ?

1

Découpez la page en face avec des ciseaux (une hache ou un silex bien aiguisé peuvent aussi faire l'affaire si vous n'êtes pas trop branque…)

2

Collez l'affichette sur une feuille de carton, un panneau de bois une plaque de marbre de carrare…

3

Accrochez-la sur votre porte d'entrée…

le 25/12/2012 Gros bisous ma puce

le Guide des CHATS

SCÉNARIO : GOUPIL
DESSIN : JUAN
COULEURS : J. GUÉNARD
COUVERTURE : FABIO LAI

VENTS D'OUEST

Pour tout savoir sur *Les Guides en BD*, rendez-vous sur http://www.ventsdouest.com/guides/

Couvent Sainte-Cécile
37 rue Servan - 38000 Grenoble

www.ventsdouest.com

Dépôt légal : octobre 2012
ISBN : 978-2-7493-0683-4
Achevé d'imprimer en Italie en octobre 2012 par L.E.G.O. S.p.A.,
sur papier provenant de forêts gérées de manière durable.

À QUI S'ADRESSE CE GUIDE ?

LES DIFFÉRENTES CATÉGORIES DE CHAT ?
POUR S'Y RETROUVER DANS TOUTE CETTE MÉNAGERIE...
IL Y A 80 RACES DIFFÉRENTES DE CHAT ET TROIS GRANDS TYPES :
PETITE TÊTE RONDE
CORPS TRAPU
PATTES COURTES ET ÉPAISSES
LE CHAT BRÉVILIGNE
(FELIS BRÉVILIGNUS)
TÊTE ARRONDIE
CORPS MUSCLÉ
PATTES LONGUE
LE CHAT MÉDIOLIGNE
(FELIS MÉDIOLIGNUS)
TÊTE FINE ET TRIANGULAIRE
PATTES LONGUES ET FINES
CORPS MINCE
LE CHAT LONGILIGNE
(FELIS LONGILIGNUS)
... POUR SIMPLIFIER, ON PEUT ÉGALEMENT RÉPARTIR LES CHATS EN QUATRE GRANDES CATÉGORIES, QUE COMPLÈTENT DEUX CATÉGORIES ANNEXES (LA SCIENCE AIME LA PRÉCISION...)
LES CHATS À POILS LONGS
(DANS LE GENRE PERSAN)
IDÉAL POUR RECOUVRIR SA SUPERBE MOQUETTE (BLEU-MARINE DE PRÉFÉRENCE) D'UNE JOLIE COUCHE DUVETEUSE DE POILS (BLANCS DE PRÉFÉRENCE)
LES CHATS À POILS MI-LONGS
(DANS LE GENRE ANGORA)
BROSS BROSS
TRÈS PRATIQUE EN CACHE-COL POUR LES LONGUES SOIRÉES D'HIVER AU COIN DU FEU (SI VOUS N'AVEZ PAS DE CHEMINÉE, CHOISISSEZ UN AUTRE MODÈLE DE CHAT)
LES CHATS À POILS COURTS
(DANS LE GENRE ABYSSIN)
SUCRE EN POUDRE
L'HIVER, IL N'A PAS FROID, L'ÉTÉ, IL N'A PAS CHAUD, AU PRINTEMPS ET À L'AUTOMNE, TOUT VA BIEN ÉGALEMENT. MERCI POUR LUI.
LES CHATS SANS POILS
(DANS LE GENRE SPHYNX)
CE N'EST PAS LA PEINE DE LUI CHERCHER DES POUX, IL N'A PAS DE PUCES...
LES CHATS À POILS MITEUX
(DANS LE GENRE GOUTTIÈRE)
SNIKT!
PAS DE COLLIER, PAS DE PEDIGREE, PAS D'ATTACHE, PAS DE CARESSES, PAS GRAND-CHOSE À BOUFFER, NON PLUS !
LES CHATS À POILS LAINEUX
(DANS LE GENRE MOUTON)
TCHOMP TCHOMP
L'UNE DES PARTICULARITÉS DE CE CHAT, C'EST QU'IL MIAULE EN FAISANT "BÊÊÊÊ", C'EST ORIGINAL !
2

À QUOI SERT UN CHAT ?
... EN DEHORS D'ÊTRE DÉCORATIF, BIEN SÛR.
AU PREMIER COUP D'ŒIL, UN CHAT SEMBLE NE SERVIR À RIEN... IL MANGE, IL DORT, IL MANGE, IL DORT...
QU'EST-CE QU'IL FAIT, LE CHAT ?
IL DORT !
RZZZZZZZZ
JE VAIS PRÉPARER SA PÂTÉE, IL VA BIENTÔT AVOIR FAIM !
ENTRE NOUS, J'EN CONNAIS PLUS D'UN QUI NE SE PLAINDRAIENT PAS D'UNE VIE SEMBLABLE.
QU'EST-CE QUE TU FAIS ?
JE DORS !
JE VAIS PRÉPARER LE REPAS, TU VAS BIENTÔT AVOIR FAIM.
?
ALORS QUE CE N'EST PAS VRAI, ENTRE DEUX SIESTES ET DEUX REPAS, LE CHAT SERT À QUELQUE CHOSE !
LE CHAT CHASSE LES SOURIS. TEL L'AIGLE ROYAL PRÊT À FONDRE SUR LA VIEILLE BUSE, IL ATTEND DES HEURES POUR SE TAPER UN BIG MOUSE.
TU FERAIS MIEUX DE LA RECRACHER.
SI TU L'AVALES ...
...TU RESTES ACCROCHÉ AU FIL !
LE CHAT DIFFUSE DE LA CHALEUR. TEL UNE BOUILLOIRE RÉGLÉE SUR 38,5°, C'EST UN EXCELLENT CACHE-COL, QUI PLUS EST, TOLÉRÉ PAR LA LIGUE ANTI-FOURRURE.
J'EN AI AUSSI DRESSÉ DEUX POUR LES MAINS...
ÇA ME FAIT UNE BONNE PAIRE DE MOUFLES !
LE CHAT IMPOSE LE CALME. TEL BOUDDHA FUMANT LE CALUMET DE LA PAIX, IL SE LA COULE SUPER-COOL.
RON RON RON RON RON RON RON RON RON RON RON RON RON RON RON RON RON
CHHHHT...
N'OUBLIE PAS DE NETTOYER LA LITIÈRE !
POUM !
MÊME PAS MAL !
LE CHAT PRÔNE L'INDÉPENDANCE. TEL LE RÉVOLUTIONNAIRE SUR LA BARRICADE,... IL REFUSE QU'ON LUI DICTE CE QU'IL DOIT FAIRE.
IL NE VEUT PAS MANGER TOUT DE SUITE, IL VEUT D'ABORD DORMIR DANS LE SALON DEVANT LA TÉLÉ !
METS-LUI CANAL + !
LE CHAT ENSEIGNE LA PATIENCE. TEL LE JOUEUR D'ÉCHECS ATTEINT DE TROU DE MÉMOIRE... IL SAIT PRENDRE SON TEMPS.
ÇA FAIT PLUS DE QUATRE HEURES QU'IL EST LÀ, SANS BOUGER UN CIL !
ET TOI, TU ES RESTÉ QUATRE HEURES À LE REGARDER ?
SANS BOUGER ?
C'EST FASCINANT !
C'EST FASCINANT !
4

UN CHAT CHASSEUR SAIT-IL CHASSER SANS SON CHAT ?
C'EST DUR À DIRE, HEIN ?
LA VUE PLUS PERÇANTE QU'UNE CHIGNOLE, L'OUÏE CONSTAMMENT AUX AGUETS, NE VOUS FIEZ PAS À L'AIR ANESTHÉSIÉ DU CHAT.
...IL LUI SUFFIT D'UNE FRACTION DE SECONDE POUR ÊTRE SUR LE PIED DE GUERRE ET DEVENIR UN REDOUTABLE CHASSEUR CAPABLE DE COURIR À 40 KM/H ET DE FAIRE DES BONDS DE 2 MÈTRES.
MAIS QUI VA-T-IL DONC TUER D'UN SEUL COUP DE MÂCHOIRE SUR LA NUQUE (COUIK, LA MOELLE ÉPINIÈRE) AVANT DE LUI BOUFFER LA TÊTE ?
UN OISEAU ? UN PAS TROP GROS, ALORS, ET QUI NE COURT PAS TROP VITE, ET QUI NE VOLE PAS TROP HAUT.
HOHO, Z'AI CRU VOIR UN GROS CON D'CHAT !
...PARCE QUE, PAR EXEMPLE, AVEC L'AIGLE ROYAL (QUI FOND SUR LA VIEILLE BUSE !...) LE CHAT NE LA RAMÈNE PAS TROP.
T'AS UN PROBLÈME ?
PAS DU TOUT, CHAT VA TRÈS BIEN !
UN POISSON ? UN PAS TROP GROS, ALORS, ET QUI NE NAGE PAS TROP DANS L'EAU.
...PARCE QUE, PAR EXEMPLE, ON NE VERRA JAMAIS UN MATOU CHASSER LA BALEINE.
T'AS UN PROBLÈME ?
PAS DU TOUT, CHAT VA TRÈS BIEN !
UN RONGEUR ? UN PAS TROP GROS, ALORS, GENRE MULOT, SOURIS, UN TRUC QUI SE FAUFILE SOUS LES MEUBLES.
CHÉRIiii ?
VA CHERCHER LE CHAAT !
?
UNE ARAIGNÉE ? UN REPTILE ?... OUI, S'ILS SONT DE PETITE TAILLE, CAR ON NE VERRA JAMAIS UN CHAT CROQUER LA NUQUE D'UNE MYGALE OU D'UN ALLIGATOR.
MAAW ?!
KROK ! SCROUTCH ! SCROUNCH !
KITTY
DOIT-ON EN DÉDUIRE QUE LE CHAT EST UN COUARD ?
NON ! EN FAIT, LE CHAT EST UNE GROSSE FEIGNASSE QUI PRÉFÉRERA SE CONTENTER D'UN BOL DE CROQUETTES PLUTÔT QUE DE COURIR APRÈS UN GIGOT DE MUSARAIGNE !
MINOU
5

VOUS AIMEZ LES CHATS ?
... MAIS VOTRE MOITIÉ PRÉFÈRE LES CHIENS...
ADOPTER UN ANIMAL DE COMPAGNIE SEMBLE UNE IDÉE SIMPLE (SI L'ON EXCEPTE VOTRE FILS QUI VEUT UN PYTHON DE SEPT MÈTRES OU VOTRE FILLE QUI PRÉFÈRE UN VISON).
REFUGE POUR ANIMAUX
ON PREND UN CHAT, BIEN SÛR !
AH NON ! MOI, JE VEUX UN CHIEN !
UN CHAT, C'EST MIEUX, C'EST ÉVIDENT... IL VA DONC FALLOIR METTRE L'AUTRE D'ACCORD AVEC VOUS...
ATTENDU QU'IL Y A AUTANT D'HOMMES QUE DE FEMMES QUI PRÉFÈRENT LES CHATS OU LES CHIENS...
... LA SÉQUENCE SUIVANTE SERA INTERPRÉTÉE PAR Mr FILLE ET Mme GARÇON...
PREMIER ROUND : ATTAQUEZ D'UN PUISSANT CROCHET DU GAUCHE...
TON CHIEN, IL VA BAVER SUR LE CANAPÉ, BOUFFER LE NOUNOURS DE LA PETITE ET DÉCHIQUETER MES CACHEMIRES.
KLOPS !
NE LAISSEZ PAS VOTRE ADVERSAIRE REPRENDRE SON SOUFFLE, ASSENEZ-LUI IMMÉDIATEMENT UN UPPERCUT...
LES CHIENS, ÇA COURT APRÈS LES VÉLOS, ÇA ABOIE APRÈS LES PASSANTS, ÇA MORD LES FACTEURS !
RE-KLOPS
MÉFIEZ-VOUS, CAR LA CONTRE-ATTAQUE NE VA PAS SE FAIRE ATTENDRE.
UN CHIEN, ÇA RAPPORTE LES PANTOUFLES ET VA CHERCHER LE JOURNAL SUR LE PAILLASSON !
RIDICULE ! ... TU N'AS NI PAILLASSON NI CHAUSSONS !
J'AI TOUJOURS RÊVÉ D'AVOIR DES CHAUSSONS !!!
ADOPTE UNE PAIRE DE CHARENTAISES !
ACHEVEZ VOTRE ADVERSAIRE D'UN RICANEMENT SARCASTIQUE DOUBLÉ D'UN DIRECT AU FOIE.
DE TOUTE FAÇON, C'EST MOI QUI DÉCIDE !
C'EST PAS UN ARGUMENT, ÇA !
C'EST MOI QUI DÉCIDE QUE C'EST UN ARGUMENT !
UNE FOIS DE PLUS, LA PREUVE EST FAITE QU'ENTRE GENS DE BONNE INTELLIGENCE, IL EST INUTILE DE S'ENTENDRE COMME CHIEN ET CHAT.
YESSS !!!
... ON ADOPTE UN CHAT !
POUCE !
D'AUCUNS NOUS RÉTORQUERONT QUE L'ON PEUT ADOPTER LES DEUX. BIEN VU ! C'EST UNE BONNE REMARQUE. FÉLICITATIONS !
5

L'ANATOMIE DU CHAT

COMMENT C'EST FOUTU,
C'TE BESTIOLE-LÀ ?

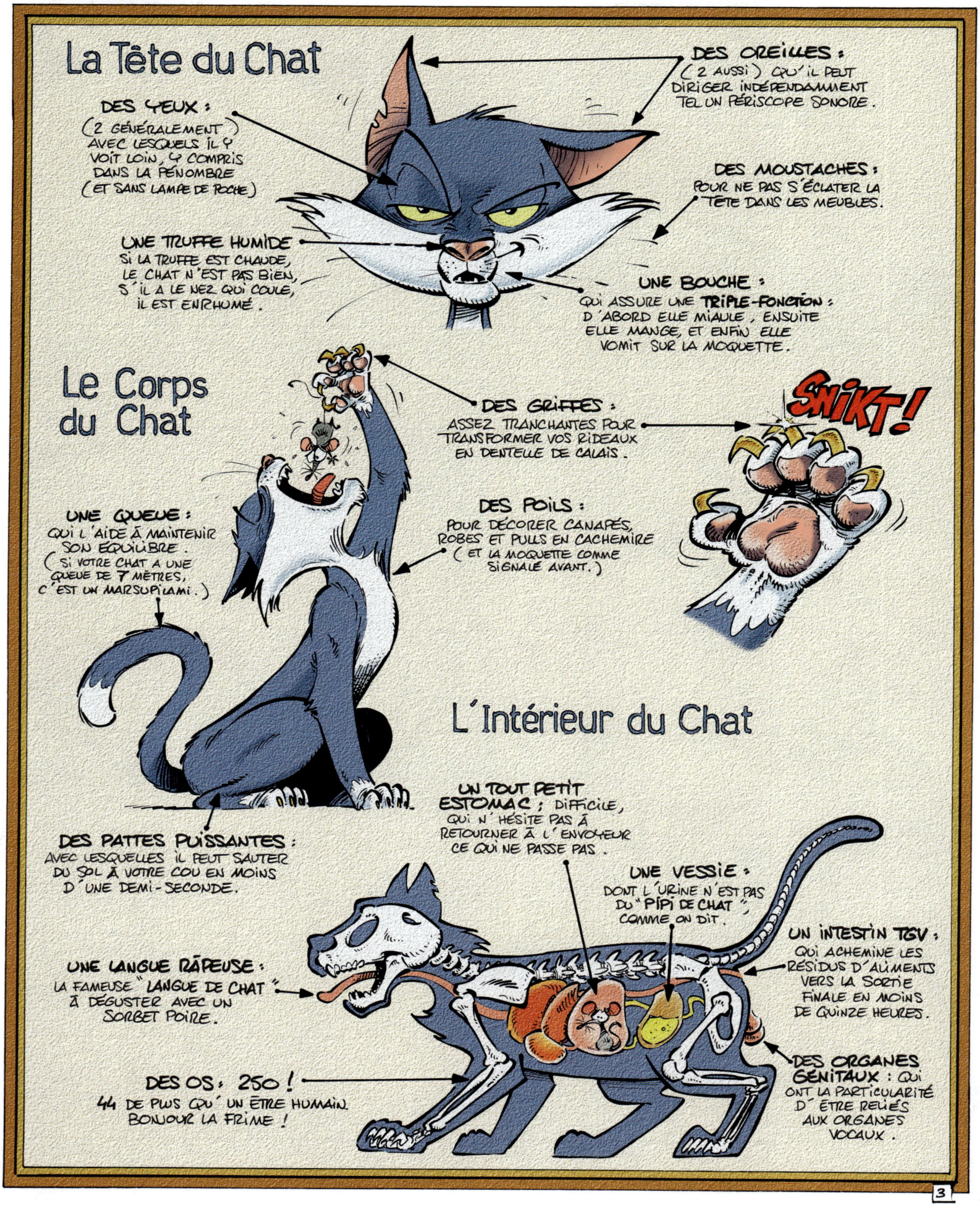

OÙ TROUVER UN CHAT ?
Y EN A PARTOUT !
DANS UNE ANIMALERIE SÉRIEUSE POUR ÉVITER ÇA :
ET SI LE CHAT EST MALADE...
... ON FAIT COMMENT ?
MAW ?
JE PEUX VOUS L'ÉCHANGER CONTRE UN PERROQUET QUI DIT "MIAOU" !
MIAW ?
... J'AI AUSSI UN ANACONDA TRÈS AFFECTUEUX.
N.A.C.
CHEZ UN ÉLEVEUR PROFESSIONNEL SÉRIEUX POUR ÉVITER ÇA :
J'AI UNE PROMO SUR LES SIAMOIS DE TROIS SEMAINES...
C'EST PAS UN PEU JEUNE, TROIS SEMAINES ?
VOUS N'ALLEZ PAS M'APPRENDRE MON MÉTIER, TOUT DE MÊME ?
MAW MIAOU MIAOU MAW MAW MIAOU
CHEZ UN COPAIN SÉRIEUX POUR ÉVITER ÇA :
IL PARAÎT UN PEU AGITÉ AU PREMIER ABORD, MAIS IL EST TRÈS CÂLIN.
PRENDS-LE ! SI TU ARRIVES À L'ATTRAPER !
CHEZ UN ÉLEVEUR FAMILIAL SÉRIEUX POUR ÉVITER ÇA :
VOUS AVIEZ RÉSERVÉ UN MÂLE MAIS JE L'AI DONNÉ À UNE VOISINE, DONC JE N'AI PLUS QU'UNE FEMELLE !
C'EST ENNUYEUX !
MAW ?
PENSEZ-VOUS ! DÈS SA PREMIÈRE PORTÉE, ELLE VA VOUS EN FAIRE DEUX OU TROIS, DES MÂLES.
CHEZ UN VÉTÉRINAIRE SÉRIEUX POUR ÉVITER ÇA :
C'EST PAS EMBÊTANT QU'IL AIT LE CORYZA ?
ÇA VOUS DONNERA L'OCCASION DE VENIR ME VOIR...
HIN HIN
... TOUTES LES SEMAINES !
MAW ?
ADOPTER UN CHAT EN FAISANT UNE BONNE ACTION...
À LA S.P.A. OU DANS UN REFUGE...
IL EST TATOUÉ !
À MOÉ ? COMME C'EST GENTIL !
DANS LA RUE...
CHÉRIE ?
MAW ?
J'AI RÉCUPÉRÉ UN CHAT ABANDONNÉ ! ON NE PEUT PAS LE LAISSER DEHORS, LE PAUVRE !
CLÉS
9

QUEL TYPE DE CHAT CHOISIR ?
NOUS AVONS PLUSIEURS MODÈLES EN MAGASIN...
LE CHAT DE GOUTTIÈRES : POUILLEUX, TEIGNEUX, SALE, IL SAURA FAIRE VIBRER VOTRE CORDE AFFECTIVE AVEC SES YEUX DE GRAND MATOU ABANDONNÉ...
POUR PERSONNES SENSIBLES
Miaou !
Pour mangé (croquaites, sourys, ticket restorant)
LE CHAT À PEDIGREE : VACCINÉ, TATOUÉ, AVEC UN HISTORIQUE GÉNÉALOGIQUE SUR 9 GÉNÉRATIONS, IL SERA VOTRE FIERTÉ...
POUR LES PURISTES
Miaou !
1 PRIX
LE CHAT SAUVAGE : ROBUSTE, MASSIF, LES GRIFFES AIGUISÉES PAR LAGUIOLE®, IL DONNERA À VOTRE INTÉRIEUR UNE AMBIANCE PRIMITIVE...
POUR LES AVENTURIERS
MIAOU !
LE CHAT CASTRÉ : IL A LAISSÉ SES NOISETTES CHEZ LE VÉTO, ALORS FAUT PAS LUI CASSER LES NOIX.
POUR LES DRAGUEURS
MIAOU
TAC TAC TAC TAC
LE LAPIN : ILS SONT AUSSI DOUX QUE LEUR COUSIN CHAT, ET EN PLUS VOUS AVEZ LE DROIT DE LES MANGER.
POUR LES FERMIERS
MIAOU
?
LE CHATON : IL SUFFIT DE L'ÉLEVER COMME UN BONSAÏ POUR QU'IL NE PRENNE PAS TROP DE PLACE UNE FOIS ADULTE.
POUR LES LOGEMENTS EXIGUS
MIAOU ?
LE CHAT BIBELOT : EN PLASTIQUE, EN MÉTAL, EN CÉRAMIQUE, EN BOIS, EN PAILLE OU EN N'IMPORTE QUOI !...
POUR LES COLLECTIONNEURS
miaou !

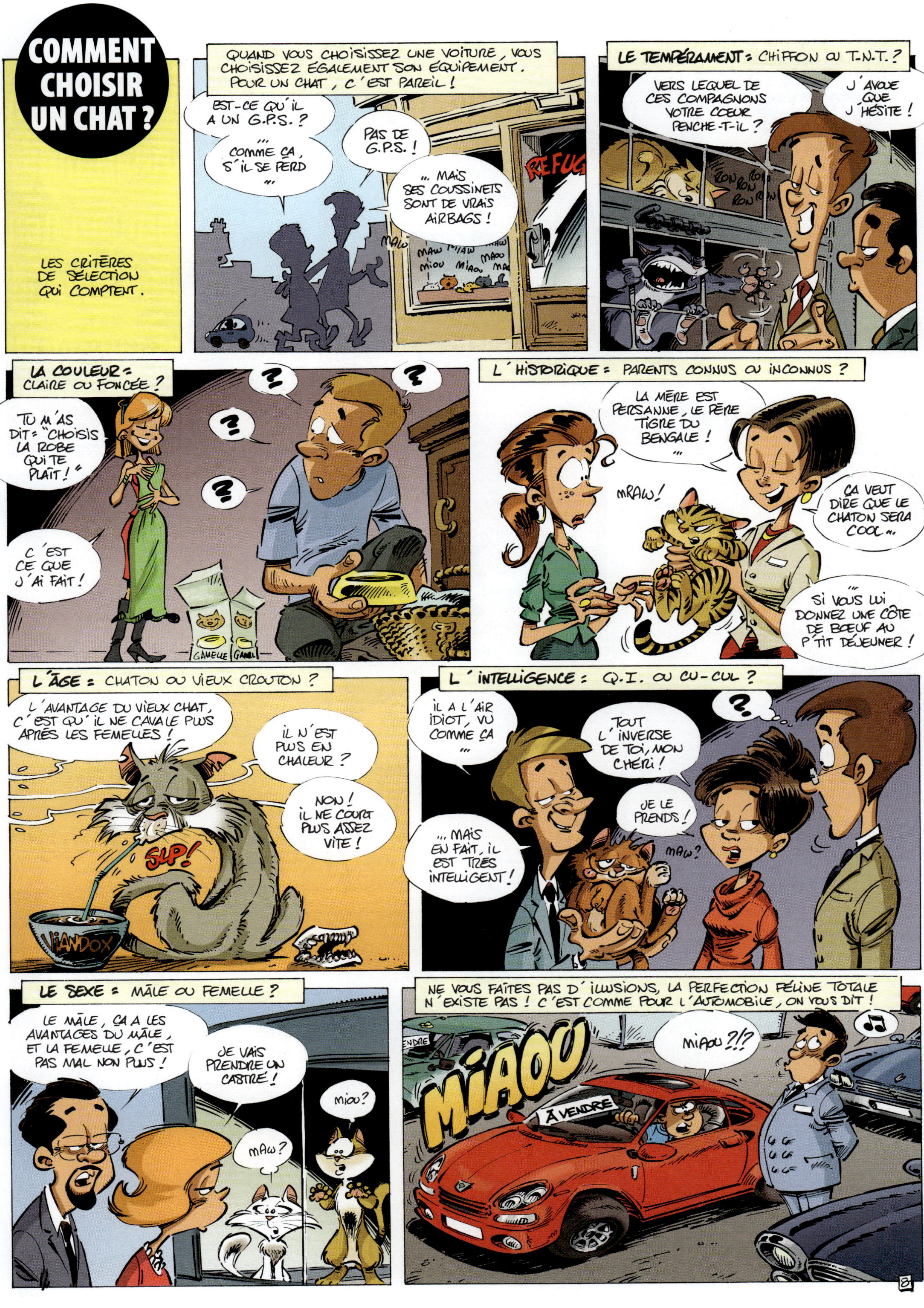
COMMENT CHOISIR UN CHAT ?
LES CRITÈRES DE SÉLECTION QUI COMPTENT.
QUAND VOUS CHOISISSEZ UNE VOITURE, VOUS CHOISISSEZ ÉGALEMENT SON ÉQUIPEMENT. POUR UN CHAT, C'EST PAREIL !
EST-CE QU'IL A UN G.P.S. ?
... COMME ÇA, S'IL SE PERD ...
PAS DE G.P.S. !
... MAIS SES COUSSINETS SONT DE VRAIS AIRBAGS !
REFUG
LE TEMPÉRAMENT : CHIFFON OU T.N.T. ?
VERS LEQUEL DE CES COMPAGNONS VOTRE CŒUR PENCHE-T-IL ?
J'AVOUE QUE J'HÉSITE !
RON RON
LA COULEUR : CLAIRE OU FONCÉE ?
TU M'AS DIT : "CHOISIS LA ROBE QUI TE PLAÎT !"
C'EST CE QUE J'AI FAIT !
GAMELLE
L'HISTORIQUE : PARENTS CONNUS OU INCONNUS ?
LA MÈRE EST PERSANNE, LE PÈRE TIGRE DU BENGALE ! ...
MRAW !
ÇA VEUT DIRE QUE LE CHATON SERA COOL ...
... SI VOUS LUI DONNEZ UNE CÔTE DE BOEUF AU P'TIT DÉJEUNER !
L'ÂGE : CHATON OU VIEUX CROUTON ?
L'AVANTAGE DU VIEUX CHAT, C'EST QU'IL NE CAVALE PLUS APRÈS LES FEMELLES !
IL N'EST PLUS EN CHALEUR ?
NON ! IL NE COURT PLUS ASSEZ VITE !
SLP !
VIANDOX
L'INTELLIGENCE : Q.I. OU CU-CUL ?
IL A L'AIR IDIOT, VU COMME ÇA ...
TOUT L'INVERSE DE TOI, MON CHÉRI !
JE LE PRENDS !
MAW ?
... MAIS EN FAIT, IL EST TRÈS INTELLIGENT !
LE SEXE : MÂLE OU FEMELLE ?
LE MÂLE, ÇA A LES AVANTAGES DU MÂLE, ET LA FEMELLE, C'EST PAS MAL NON PLUS !
JE VAIS PRENDRE UN CASTRÉ !
MIOU ?
MAW ?
NE VOUS FAITES PAS D'ILLUSIONS, LA PERFECTION FÉLINE TOTALE N'EXISTE PAS ! C'EST COMME POUR L'AUTOMOBILE, ON VOUS DIT !
MIAOU
MIAOU ?!?
À VENDRE

COMMENT NOMMER SON CHAT ?
FAITES PREUVE D'IMAGINATION.
VOUS POUVEZ BIEN SÛR VOUS CONTENTER DE MINOU, MINET, MINOUCHE, PUPUCE ET AUTRES MIAOU-MIAOU...
CHÉRIE ?
...
FAUDRA QU'ON CHANGE LE NOM DU CHAT. TOUS LES MATOUS DU QUARTIER PORTENT LE MÊME !
MAIS AVOUEZ QUE CE SERAIT DOMMAGE DE VOUS PRIVER D'UN PEU D'ORIGINALITÉ (SURTOUT QUE CE N'EST PAS LUI QUI VOUS LE REPROCHERA)
LES NOMS QUI EN JETTENT (HISTOIRE DE SE LA PÉTER) : PRINCESSE, DUCHESSE, ALTESSE, RAMSÈS ET AUTRES BOUILLABAISSES...
LE PROCHAIN, JE L'APPELLE "LARBIN" OU "ESCLAVE"...
LES NOMS QUI SE MANGENT (HISTOIRE DE SE METTRE EN APPÉTIT) : CARAMEL, TABASCO, LOUKOUM, CHOCOLAT ET AUTRES RAVIOLIS.
JE L'AI APPELÉ "PRALINE" PARCE QUE J'ADORE LES PRALINES !
IL A DE LA CHANCE QUE TU N'AIMES PAS LES TRIPES OU LE TRIPOUX !
SLP SLP SLP
LES NOMS QUI VOYAGENT (HISTOIRE DE SE DÉPAYSER) : KENYA, VEGAS, ALASKA, MEMPHIS ET AUTRES COLOMBEY-LES-DEUX-ÉGLISES.
CONGO ?
NON !
ALASKA ?
BOF !
TOKYO ?
NON PLUS !
TANT PIS, ON RETOURNE EN VACANCES À L'ÎLE DE RÉ !
?
LES NOMS QUI DÉCONNENT (HISTOIRE DE SE MARRER) : BOUBOULE, SACDOS, CLODO, GRONAZE ET AUTRES LABOUZE...
TAGUEULE ?
DITES DONC, JE NE VOUS PERMETS PAS !
TA GUEULE ! J'APPELLE MON CHAT !
TAGUEULE ?
LES NOMS QUI N'ONT RIEN À VOIR (HISTOIRE DE MONTRER QUE VOUS ÊTES ORIGINAL) : PIT-BULL, SALAMALEC, SCHWARZENEGGER, ET AUTRES TOPINAMBOURS...
J'AI LA T.N.T., JE REÇOIS DES S.M.S., JE SOUTIENS LE P.S.G., ET J'AI UN C.Q.P. !
UN C.Q.P. ?
UN CHAT QUI PUE !
UNE HORREUR, IL NE SE LAVE JAMAIS !
LES NOMS AU HASARD : VOUS LANCEZ UNE FLÉCHETTE DANS LE CALENDRIER ET VOUS VERREZ BIEN...
AIIIE !
CALENDRIER
AÏE ?
C'EST UN PEU COURT COMME NOM, MAIS POURQUOI PAS ?
10

COMMENT NE PAS NOMMER SON CHAT ?
LUI, IL S'EN FOUT, MAIS VOUS, ÉVITEZ LE RIDICULE !
ÉVITEZ LES NOMS IMPRONONÇABLES (POUR NE PAS VOUS PRENDRE LA TÊTE) : ESKGROXZIURK, FLLLSHHHPSSS, LILILLIILLLULLILLIL...
ZGRORLKRÜNKG ?
À VOS SOUHAITS !
LES NOMS BLESSANTS (POUR NE PAS PASSER POUR UN MALOTRU) : GRONAZE, SALABRUTI, PUDUC, CHAROGNE...
P'TICON ?
P'TICON ?
HIER, C'ÉTAIT "TA GUEULE !", AUJOURD'HUI, C'EST "P'TIT CON !", VOUS ALLEZ M'INSULTER TOUS LES JOURS ?
LES NOMS HUMAINS (POUR NE PAS CONFONDRE AVEC LES MÔMES) : VALÉRIE, MAXIMILIEN, ROMAIN, MATHILDE...
MISTIGRI ?
OUI MAMAN ?
SLP SLP SLP
ROGER
LES NOMS COMMERCIAUX (POUR NE PAS FAIRE DE PUB SAUVAGE) : PLAYMOBIL®, BOUNTY®, GOOGLE®, SNCF®...
VOUS AVEZ LE DROIT D'APPELER VOTRE CHAT "FERRARI" MAIS VOUS DEVEZ LE PEINDRE EN ROUGE !
TANT PIS ! JE VAIS L'APPELER BANANIA®
LES NOMS DE STARS (POUR NE PAS ÊTRE ASSAILLI PAR LES PAPARAZZIS) : JOHNNY, CARLA, CLINT, MYLÈNE...
MICHEL ?
MICHEL ?
SARDOU ?
DRUCKER ?
KLIK KLIK KLIK KLIK KLIK KLIK
POLNAREFF ?
LES NOMS JEUX-DE-MOTS (POUR NE PAS ÊTRE LE SEUL À RIRE) : LUMEAU, TOUILLEUX, RIVARI, VAMAL...
PARDEUR, REVIENS ICI !
PARDEUR ?
OUI ! CHAT PARDEUR. D'AILLEURS, IL VIENT DE PIQUER VOTRE GIGOT !
ÉVITEZ ÉGALEMENT DE DONNER À VOTRE ANIMAL LE NOM DE QUELQU'UN DE VOTRE ENTOURAGE, ÇA POURRAIT ÊTRE MAL PRIS.
J'AI APPELÉ MON CHAT "DUBOIS", COMME LE CHEF !
TU LUI FILERAS UN COUP DE POMPE DE MA PART !
HA HA HA HA HA HA HA HA HA HA HA HA
MOI, J'AI APPELÉ MA CHIENNE "BERNADETTE"...
COMME SA FEMME !
11

LES SI MIGNONS DÉFAUTS DU CHAT
TROIS FOIS RIEN, RASSUREZ-VOUS.
VOLEUR : POSEZ UN RÔTI SUR LA TABLE, SORTEZ ET REVENEZ...
LE RÔTI N'A PAS BOUGÉ ? VOTRE CHAT EST EMPAILLÉ.
LAP LAP LAP
LE RÔTI EST À MOITIÉ MANGÉ, VOUS N'ÊTES PAS SORTI ASSEZ LONGTEMPS.
ON VOUS L'AVAIT DIT !
TYRANNIQUE : ... SOUS PRÉTEXTE QU'IL MANGE QUINZE FOIS PAR JOUR, IL RÉCLAME QUINZE FOIS PAR JOUR !
DIFFICILE : ... IL REFUSE LES CROQUETTES À 1,50 € LE KILO...
MRAW !
GRATT GRATT
EXIGEANT : ... IL PRÉFÈRE LA PÂTÉE À 15 EUROS LA BOÎTE DE 70 GRAMMES...
TCHOMP TCHOMP TCHOMP TCHOMP TCHOMP TCHOMP TCHOMP
DÉLICAT : ... PÂTÉE QU'IL DÉGUEULE UNE FOIS SUR DEUX !
BEUAH
DÉDAIGNEUX : DITES-LUI :
DESCENDS DU LIT !
TAIS-TOI !
T'ÀS ENCORE PISSÉ SUR MES CHAUSSONS !
... IL NE VOUS RÉPOND MÊME PAS !
ENVAHISSANT : IL S'INSTALLE OÙ IL LE DÉCIDE ET IL Y REVIENDRA MÊME SI VOUS LE CHASSEZ...
QU'EST-CE QUE TU FAIS ?
JE MARQUE MON TERRITOIRE POUR QUE LE CHAT NE VIENNE PAS NOUS DÉRANGER !
COLLANT : QUAND IL VEUT QUELQUE CHOSE, IL NE LÂCHE PAS LE MORCEAU...
AÏE !?
PATASS PATASS
TU DEVRAIS TE COUPER LES ONGLES, CHÉRIE !
?
MÉFIANT : AVEC SA VUE PRESQUE CIRCULAIRE, IL EST MÊME QUASI IMPOSSIBLE DE LE SURPRENDRE.
POURQUOI TU ME REGARDES COMME ÇA ?
12

DESTRUCTEUR : LA PREUVE :
Mr & Mme A. DE PONTOVILLIERS ONT UN CHAT.
MAW?
Mr & Mme B. DE CERGY-LA-ROQUETTE ONT AUSSI UN CHAT, MAIS ILS LUI METTENT DES CHAUSSETTES.
DÉCALÉ : IL DORT LES TROIS QUARTS DU TEMPS ET C'EST TOUJOURS AU MILIEU DE LA NUIT QU'IL A ENVIE DE SAUTER PARTOUT.
TU VAS VOIR SI CETTE NUIT IL VA ENCORE FAIRE LA NOUBA !!!
RRRRRRR
INSOLENT : S'IL N'EN A RIEN À FAIRE DE VOUS (c.a.d. À CHAQUE FOIS QU'IL N'A BESOIN DE RIEN) IL LE MONTRE FRANCHEMENT.
BELEBELEBELE
EXCLUSIF : IL SUPPORTE DIFFICILEMENT DE PARTAGER SON TERRITOIRE.
TOUT VA BIEN, CHÉRI !
LES CHATS ONT L'AIR DE BIEN S'ENTENDRE !
MRAAAAA
MRAOUUUU
KSSS
FSHHHH
FSH
MRWAAAAA
KSSS
FAINÉANT : JAMAIS UN CHAT NE VOUS AIDERA À FAIRE LA VAISSELLE. TOUT AU PLUS CONSENTIRA-T-IL À LÉCHER LES PLATS.
IL N'AIME PAS LE CHOU-FLEUR !
ON EST BONS POUR LAVER NOUS-MÊMES !
CES DÉFAUTS EMPÊCHENT-ILS L'ÊTRE HUMAIN D'APPRÉCIER LES CHATS ? QUE NENNI !
HIN HIN HIN HIN HIN HIN
PLUS VITE LE SERVICE !
ET MON BOL DE LAIT, IL ARRIVE ?
UNE CÔTE DE BOEUF POUR MOI !
IL FAUT JUSTE NE JAMAIS OUBLIER QUE, SI LE CHIEN A UN MAÎTRE, LES CHATS, EUX, ONT DES SERVITEURS.
13

LE CHAT EST-IL UN ANIMAL DE COMPAGNIE ?
C'EST MÊME UN ANIMAL DE TRÈS BONNE COMPAGNIE ...
... NÉANMOINS, DANS LE BUT DE RESPECTER VOTRE INDÉPENDANCE MUTUELLE, LE CHAT VOUS SERA INFINIMENT RECONNAISSANT DE NE PAS L'IMPORTUNER ...
PATASS PATASS
... QUAND IL S'INSTALLE POUR DORMIR, QUAND IL DORT ET QUAND IL SE RÉVEILLE ...
... QUAND IL MANGE ET QUAND IL A MANGÉ ...
DOB DOB DOB DOB
... QUAND IL BOIT ...
SLP SLP SLP
... QUAND IL FAIT SA TOILETTE, SURTOUT S'IL SE LÈCHE LE TROU DE BALLE ...
... QUAND IL CHASSE ...
OCCUPÉ
... QUAND IL FAIT SES BESOINS, LES PETITS ET SURTOUT LES GROS ...
SCRIIIIIIII
... QUAND IL FAIT SES GRIFFES SUR LES FAUTEUILS OU SUR VOTRE PANTALON ...
BÉUARK
CHPOF CHPOT POF
... QUAND IL VOMIT, QUAND IL A DES RENVOIS ET QUAND IL DÉGUEULE ...
MAAAAAAAAAAAAAAA
MAAAAAAAAA
... QUAND IL EST EN PLEINE CRISE ...
... EN DEHORS DE CES MOMENTS (QUI REPRÉSENTENT ENVIRON 23 HEURES 45 DE SON EMPLOI DU TEMPS QUOTIDIEN) LE CHAT TOLÈRE LA COMPAGNIE DES HUMAINS.
14

MOI TARZAN, TOI CHAT

L'ART DE SE FAIRE COMPRENDRE DES MATOUS.

LE LANGAGE DU CHAT
DO YOU SPEAK MIAOU ?
COMMUNIQUER AVEC SON CHAT, RIEN DE PLUS NORMAL...
TU ME PASSES LA TÉLÉCOMMANDE, S'IL TE PLAÎT ?
... MAIS CELA N'EST PAS CHOSE AISÉE.
N'ATTENDEZ PAS DE LUI LA MÊME COOPÉRATION QU'AVEC UN CHIEN, PAR EXEMPLE.
BWOUF!
MERCI !
À PRIORI, LE CHAT NE COMPREND PAS CE TYPE D'ORDRES. OU ALORS IL COMPREND... MAIS N'EN A STRICTEMENT RIEN À FAIRE !
LA COMMUNICATION AVEC UN CHAT SE FAIT DE MANIÈRE BEAUCOUP PLUS SUBTILE : PRIMO, PAR LA VOIX :
AH JE RIS DE ME VOIR SI BELLE EN CE MIROIR !
SECONDO, PAR LE PHYSIQUE : NOUS EN REPARLERONS UN PEU PLUS LOIN...
PAS TROP LOIN, QUAND MÊME ...
J'AI PAS ENVIE DE ME CHOPER UN LUMBAGO !
HAN!
HAN!
GNNNN
LE CHAT AURAIT SEIZE VOCALISES DIFFÉRENTES POUR EXPRIMER CE QU'IL DÉSIRE...
COMMENT TU FERAIS, TOI, POUR DEMANDER TOUT CE QUE TU VEUX EN SEULEMENT SEIZE MOTS ?
QUATRE ME SUFFISENT ! ...
BIÈRE ...
FOOT ...
SEXE...
ET DODO !
LE MIAULEMENT BREF SERT AU CHAT POUR RÉCLAMER QUELQUE CHOSE.
MAW ?
T'AS FAIM ?
MAW ?
T'AS SOIF ?
MAW ?
TU VEUX SORTIR ?
MAW ?
CHÉRIE ? ...
JE CROIS QUE LE CHAT A QUELQUE CHOSE À TE DIRE !
LE MIAULEMENT LONG EST UN PLUS VINDICATIF.
MIIIIAAAAAAAOOO
VINGT-DEUX SECONDES ! ...
RECORD BATTU !
BIP!
TU PEUX LUI APPORTER SA GAMELLE !
LE MIAULEMENT D'ACCOUPLEMENT EST UNE SORTE DE CRI PLAINTIF ENTRE LA SIRÈNE ASTHMATIQUE ET LE BÉBÉ PHOQUE ÉMASCULÉ.
MIIIAAAAOUUUUUUUU
C'EST L'ALARME DE LA VOITURE ?
J'AIMERAIS BIEN ! JE POURRAIS DESCENDRE LA COUPER !
C'EST LE CHAT QU'ON VA COUPER !
16

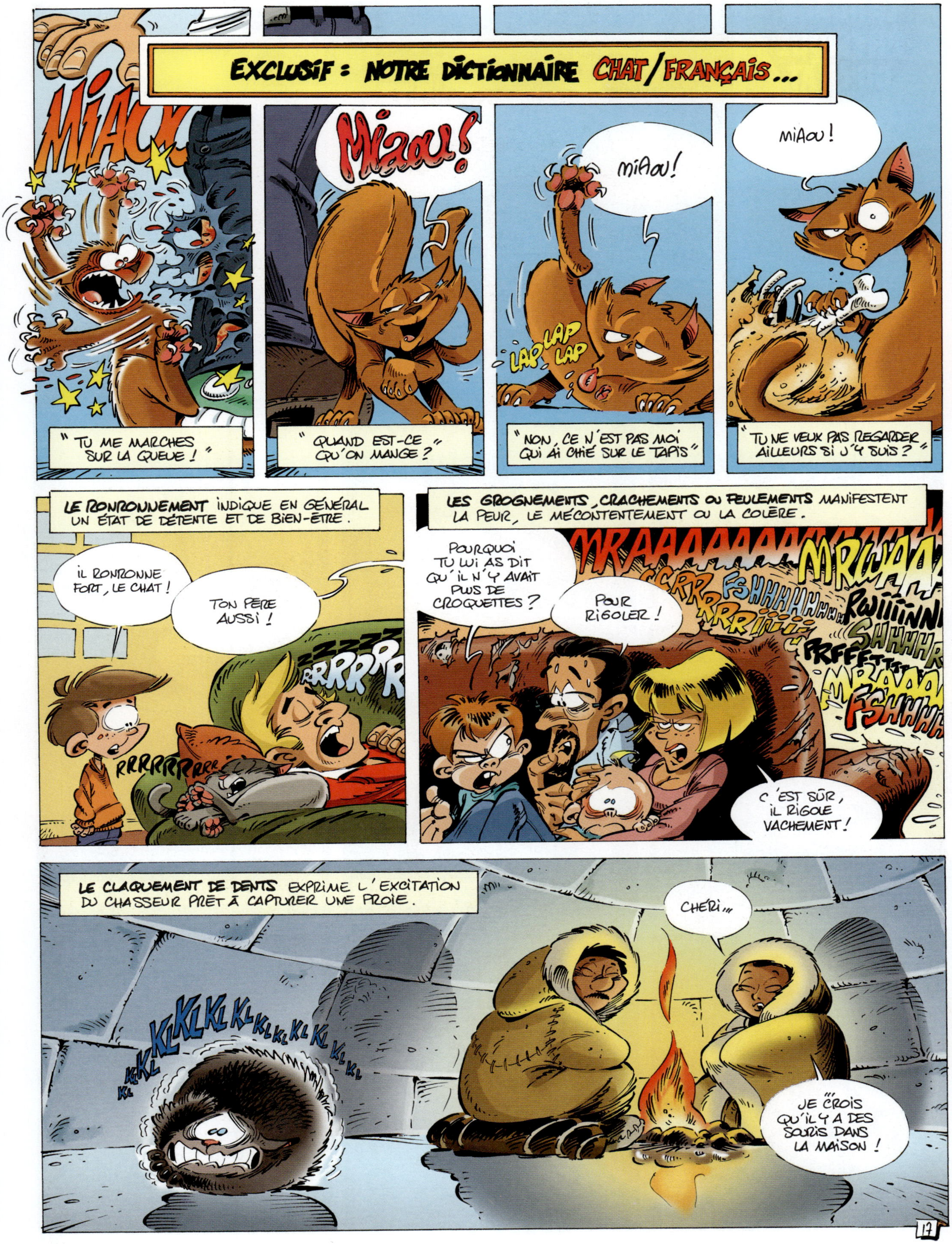
EXCLUSIF : NOTRE DICTIONNAIRE CHAT/FRANÇAIS...
MIAOU
" TU ME MARCHES SUR LA QUEUE ! "
MIAOU !
" QUAND EST-CE QU'ON MANGE ? "
MIAOU !
LAP LAP LAP
" NON, CE N'EST PAS MOI QUI AI CHIÉ SUR LE TAPIS "
MIAOU !
" TU NE VEUX PAS REGARDER AILLEURS SI J'Y SUIS ? "
LE RONRONNEMENT INDIQUE EN GÉNÉRAL UN ÉTAT DE DÉTENTE ET DE BIEN-ÊTRE.
IL RONRONNE FORT, LE CHAT !
TON PÈRE AUSSI !
RRRRRR
RRRRRRRRRR
LES GROGNEMENTS, CRACHEMENTS OU FEULEMENTS MANIFESTENT LA PEUR, LE MÉCONTENTEMENT OU LA COLÈRE.
POURQUOI TU LUI AS DIT QU'IL N'Y AVAIT PLUS DE CROQUETTES ?
POUR RIGOLER !
MRAAAAAAAA
MRWAA
GRRRRRR
FSHHHHHH
RWIIIINN
SHHHHR
PRFFF
MRAAAA
FSHHHH
C'EST SÛR, IL RIGOLE VACHEMENT !
LE CLAQUEMENT DE DENTS EXPRIME L'EXCITATION DU CHASSEUR PRÊT À CAPTURER UNE PROIE.
KLKLKLKLKLKLKLKL
CHÉRI...
JE CROIS QU'IL Y A DES SOURIS DANS LA MAISON !
17

LE LANGAGE PHYSIQUE DU CHAT
QUAND LE MATOU FAIT DES PIEDS ET DES MAINS POUR SE FAIRE COMPRENDRE.
COMME VOUS L'AVEZ CONSTATÉ, LE VOCABULAIRE DU CHAT EST LIMITÉ. C'EST DUR DE TENIR UNE CONVERSATION SENSÉE.
T'EN PENSES QUOI ?
MIAOU !
AH BON, TU CROIS ? JE VÉRIFIERAI ...
WALDO
HEUREUSEMENT, LE MALIN MATOU A UN AUTRE MOYEN DE COMMUNIQUER : AVEC SON CORPS...
NOUS AVONS DEMANDÉ AU PROFESSEUR LAMBDA DE VOUS ENSEIGNER CE QUE CHAT VEUT DIRE. À VOUS, Mr LAMBDA !
JE VAIS VOUS EXPLIQUER CHAT ... AVEC DES IMAGES ...
TENTEZ DE DEVINER CE QU'EXPRIME CE PETIT MINOU.
1 OREILLES DROITES, MOUSTACHES ÉCARTÉES, QUEUE EN L'AIR, POIL COUCHÉ, YEUX ENTROUVERTS.
A : JE SUIS CONTENT. B : JE SUIS CON. C : JE SUIS.
2 OREILLES REPLIÉES VERS L'ARRIÈRE, MOUSTACHES TENDUES EN AVANT, PUPILLES DILATÉES, FEULEMENTS ET CRACHEMENTS.
A : JE SUIS FATIGUÉ. B : JE SUIS ÉNERVÉ. C : JE SUIS EXCITÉ.
3 OREILLES APLATIES VERS L'ARRIÈRE, YEUX MI-CLOS, TÊTE DE CÔTÉ.
A : LAISSEZ-MOI PEINARD. B : LAISSEZ-MOI PÊCHER. C : LAISSEZ-MOI PÉTER.
4 OREILLES ET MOUSTACHES APLATIES SUR LE CÔTÉ, QUEUE ENTRE LES JAMBES, PUPILLES DILATÉES.
A : J'AI FROID. B : J'AI FAIM. C : J'AI SOIF.
5 OREILLES VERS L'ARRIÈRE, MOUSTACHES ÉCARTÉES, DOS COURBÉ, POIL HÉRISSÉ, GRIFFES SORTIES.
A : JE VAIS T'ÉTRANGLER. B : JE VAIS T'ÉGORGER. C : JE VAIS TE GRIFFER.
6 LE CHAT VOUS MASSE LE VENTRE.
A : TU ES MA MAMAN CHÉRIE. B : TU ES MON PAPA CHÉRI. C : TU ES MON CHÉRI À LA CERISE.
7 LE CHAT SE FROTTE SUR VOS JAMBES.
A : JE SUIS MOUILLÉ. B : JE SUIS RASSURÉ. C : JE SUIS AFFAMÉ.
8 LE CHAT PISSE PARTOUT.
A : ICI PARIS ! B : ICI LONDRES ! C : ICI, C'EST CHEZ MOI !
SI VOUS AVEZ PLUS DE 5 RÉPONSES JUSTES VOUS PARLEZ CHAT COURAMMENT
... SI VOUS EN AVEZ MOINS DE 2, VOUS N'ÊTES PAS TRÈS DOUÉ !
Q R
1 → A
2 → B
3 → A
4 → C
5 → C
6 → A
7 → B
8 → C
MAIS AUSSI A ET B !
MERCI, PROFESSEUR LAMBDA !
18

OÙ DORT LE CHAT ?
PARTOUT !
AU CAS OÙ VOUS NE L'AURIEZ PAS COMPRIS, LE CHAT AIME DORMIR.
BEAUCOUP !
IL EST SUPERBE, VOTRE CHAT EMPAILLÉ !
IL N'EST PAS EMPAILLÉ !
PETIT TOUR D'HORIZON DE SES LIEUX DE DODO FÉTICHES.
DANS VOTRE LIT. (ET SI POSSIBLE SUR VOUS)
AAAAAAARGH!!!
DANS LA NICHE DU CHIEN.
SI TU AS BESOIN D'UN COUP DE MAIN, TU ME RÉVEILLES !
BWOUF ?
RITON
RITON
DANS LE PANIER À LINGE.
RRRRRRRRRR
AVEC UNE PRÉFÉRENCE POUR LES SOUTIFS EN SOIE (115 BONNET C) NETTEMENT PLUS CONFORTABLES.
DANS LA MACHINE À LAVER.
AAAARG !
T'AS MIS TOUT CE QUI ÉTAIT DANS LE PANIER DANS LA MACHINE ?
BEN OUI, POURQUOI ?
BROLOM BROLOM
EN HAUT DES ARMOIRES.
LE CHAT !
... IL ÉTAIT DANS LE PANIER !
T'AS LAVÉ LE CHAT !!!
T'ES SÛRE ?
RRRRRRRRRRRR
BLB BLB
36

DE QUOI LE CHAT A-T-IL BESOIN ?
ESSENTIELLEMENT DE 6 (SIX) CHOSES.
CHOSE N° 1 : D'UN ENDROIT POUR DORMIR. PUISQUE CELA OCCUPE L'ESSENTIEL DE SON TEMPS.
NE VOUS PRENEZ PAS LA TÊTE, GÉNÉRALEMENT, C'EST LUI QUI DÉCIDE DE L'ENDROIT QUI LUI CONVIENT LE MIEUX.
CHOSE N° 2 : DE JEUX DU GENRE BALLES, PELOTES DE LAINE, BOUCHONS...
ATTENDS, ATTENDS, ...
MAOW ?
BON À SAVOIR : LE CHAT REFUSE DE JOUER À LA BELOTE, AUX ÉCHECS ET AU STRIP-POKER.
CHOSE N° 3 : DE SE DÉFOULER, HISTOIRE DE CROIRE QU'IL EST ENCORE UN ANIMAL SAUVAGE...
TING.
ZOUC
BENG
ALORS QU'ON VOIT BIEN QU'IL EST PARFAITEMENT DOMESTIQUÉ.
CHOSE N° 4 : D'UN COIN PROPRE POUR FAIRE SES BESOINS.
TOTALEMENT IMPUDIQUE, LE CHAT NE RÉCLAME MÊME PAS UNE PORTE.
CHOSE N° 5 : DE CÂLINS ET DE CARESSES ET DE DOUCEUR ET DE CALME.
RRRRRRRRRRRRrrr
ET SI VOUS ÊTES ANXIEUX, À VOUS AUSSI CELA FERA LE PLUS GRAND BIEN.
CHOSE N° 6 : DE GRIFFER, PARFOIS MÊME PENDANT QU'ON LE CARESSE.
SCRATCH !
?!
MAIS IL NE LUI ARRIVE JAMAIS DE CARESSER PENDANT QU'ON LE GRIFFE.
COMMENT ? UNE CHOSE ESSENTIELLE A ÉTÉ OUBLIÉE ?... JE NE VOIS PAS...
RÉFLÉCHIS UN PEU...
TSSK TSSK
... SI TU VEUX FINIR LA SEMAINE !
AH OUI, PARDON ! LA NOURRITURE... BON, D'ACCORD, ON VA EN PARLER PAGE SUIVANTE.
19

QU'EST-CE QUE ÇA MANGE, UN MINET ?
CHAT VA ÊTRE CHAVOUREUX.
POUR SE NOURRIR, LE CHAT N'EST PAS COMPLIQUÉ... IL NE MANGE QUE CE QU'IL AIME...
TROP CUIT !
DEMANDONS L'AVIS DU CÉLÈBRE CHEF JOËL ROBUCHAT...
Au Relais du Chat Gourmand
NOUS AVONS CINQ MENUS DIFFÉRENTS...
Pâtée Grasmatou dans son jus de Conserve.
LE PRINCIPAL AVANTAGE DE LA PÂTÉE ÉCONOMIQUE... C'EST QU'ELLE EST ÉCONOMIQUE !
LA VUE, ON S'Y FAIT...
MAIS JE N'ARRIVE PAS À MANGER SANS RESPIRER.
"SERVIR AVEC UNE CHATNEMBOURG-PRESSION"
Croquettes de saison dans son écuelle en Polypropylène.
AVEC LES CROQUETTES, LES CROTTES DE VOTRE CHAT SERONT RONDES ET FERMES, FAITES-LES SÉCHER À FOUR DOUX
... ET VOUS OBTIENDREZ DE NOUVELLES CROQUETTES.
BROM BRÔLOM BROM
? ? ?
PRÉVOIR UN CUBI DE FLOTTE
Pâtée Prince des Chats dans son mijoté de Sang.
LA PÂTÉE DE QUALITÉ A UN GOÛT HYPNOTIQUE QUI SOUMETTRA VOTRE CHAT !
MIAO MIAO MIAO MIAO MIAO MIAO
LE CONSEIL DU SOMMELIER : UN "COTEAUX DU MULOT", FRAPPÉ !
Brochettes aux 3 Fumets Sauvages (Hérisson, Taupe, Lérot)
LA SAVEUR PIQUANTE DU HÉRISSON SE MARIE BIEN AVEC UNE POÊLÉE DE TRUFFES HUMIDES !
À MANGER AVEC UN BRUT "MOËT & CHATON"
Pièce de Boeuf aux 2 Foies Gras
COMME JE DIS TOUJOURS, "SI TU DONNES DE LA VIANDE À TON CHAT, N'ESPÈRE PAS QU'IL DEVIENNE VÉGÉTARIEN." (OU QU'IL RÉCLAME DES CROQUETTES)
À DÉGUSTER AVEC UN "CHÂTEAU-VACHALAIT"
20

CHAT NOIR, CHAT BLANC ...
PROPRE COMME UN SOU NEUF.
LE CHAT EST UN ANIMAL TRÈS PROPRE QUI SE LAVE AVEC SA LANGUE ...
FAIS BISOU À MAMAN ...
LAP LAP LAP
Rock Hard
UN NOUVEL ESPOIR
LE SOUCI, C'EST QU'IL N'A QU'UNE SEULE LANGUE POUR LAVER TOUTES LES PARTIES DE SON CORPS. OUI, OUI, TOUTES ...
DEVINE CE QU'IL VIENT DE SE LAVER JUSTE AVANT QUE TU N'ARRIVES ?
NON ?
SI !
MRAW !
BWÊÊÊÊ...
PEUT-ON LUI APPRENDRE À S'ESSUYER LES FESSES AVEC DU PAPIER ?
MINOU !
MINOU !
FSHHHHHHHHH...
ON PEUT TOUJOURS ESSAYER ...
PEUT-ON ÉGALEMENT LUI FAIRE PRENDRE UN BAIN ?
MINOU-MINOU, VIENS VOIR MAMAN ...
JE T'AI MIS DES SELS DE BAIN PARFUMÉS À L'ENTRECÔTE !
LE CHAT
ON PEUT, MAIS IL N'EST PAS TOUJOURS D'ACCORD...
S'IL A ÉTÉ HABITUÉ TOUT PETIT, IL APPRÉCIE ...
AH C'QU'ON EST BIEN QUAND ON EST DANS SON BAIN...
FROTT FROTT FROTT
SI CE N'EST PAS LE CAS, CE SERA PLUS DIFFICILE...
ON FAIT DE GROSSES BULLES, ON JOUE AU SOUS-MARIN...
PRATIQUE : ... IL N'EST PAS NÉCESSAIRE DE LUI COUPER LES GRIFFES, IL LES USE TOUT SEUL.
SA TOILETTE EST FINIE ?
MRRRR
JE DOIS ENCORE LUI BROSSER LES DENTS.
22

OÙ LE CHAT FAIT-IL SES BESOINS ?
LES PETITES ET LES GROSSES COMMISSIONS ...
SI LE CHAT EST PROPRE ET BIEN ÉLEVÉ, IL FAIT COMME LES AUTRES MEMBRES DE LA FAMILLE ...
ÇA DEMANDE DE L'ENTRAÎNEMENT !
... SURTOUT SI ON VEUT BOUQUINER EN MÊME TEMPS ...
CATZ
IL SERAIT DONC PLUS MALIN DE LUI RÉSERVER UN PETIT COIN-COIN, À VOTRE MINOU-MINOU.
LE JARDIN (SI VOUS N'AVEZ PAS DE JARDIN, VOUS POUVEZ PASSER CETTE CASE)
PÉTUNIAS OU RHODODENDRONS ?
PÉTUNIAS AUJOURD'HUI, RHODODENDRONS DEMAIN !
LE BAC
IL A ENCORE ASPERGÉ TOUTE LA CUISINE AVEC SA LITIÈRE !
AVEC SES CROTTES AUSSI !
GRATT GRATT
LE BAC DANS LE JARDIN (SI VOUS N'AVEZ PAS DE JARDIN, VOIR CASE 3)
J'ADORE QUAND L'AIR FRAIS ME CARESSE LES FESSES !
SOUS LE LIT
TU POURRAIS ÉVITER DE PÉTER AU LIT ...
C'EST PAS MOI !
MENTEUR !
N'IMPORTE OÙ ...
EH MEEERDE !!!
BWÊÊÊ !
LAP LAP
TU L'AS DIT, BOUFFI !
NOTRE CONSEIL GRATUIT : APPRENEZ-LUI LE CANIVEAU !
23

À QUOI AIME JOUER LE CHAT ?
OUBLIEZ LA BELOTE OU LE SCRABBLE®...
AVEC UN BALLON
BUUUUT !
AVEC UN BOUT DE FICELLE
DE QUEL CÔTÉ JE TIRE LA FICELLE, À TON AVIS ?
LAVE-LE AVANT ! ...
CE SERA PLUS FACILE POUR LE METTRE À SÉCHER !
À CACHE-CACHE
CLAPOTE CLAPOTE
MINOU ? ...
MINOU ?
AU CHAT ET À LA SOURIS
VAS-Y, TOI !
NAAAN, J'AI PAS ENVIE DE JOUEEER !
HOHO !
AVEC UNE PELOTE DE LAINE
UNE MAILLE À L'ENDROIT ...
UNE MAILLE À L'ENVERS ...
?
AU JOKARI
UNE HEURE À CE RYTHME ET JE TE GARANTIS QUE LE CHAT DORMIRA COMME UN BÉBÉ !
POK !
MOI AUSSI !
HRHRHRHRHRHRHRHR
AVEC UN CARTON
J'AI L'IMPRESSION QU'ON A MIS LE CARTON DU CHAT AVEC LE RESTE DU DÉMÉNAGEMENT !
MIAO ?
MIAO ?
IL FAUT TOUT DÉCHARGER ?
PAS SÛR ! ...
ON A COMBIEN DE ROUTE À FAIRE ?
880 KM !
35

LE CHAT EST-IL UN CHAUD LAPIN ?
LA CHATTE EST-ELLE UNE CHAUDE LAPINE ?
DÈS L'ÂGE DE SIX MOIS, LE CHAT MANIFESTE SON DÉSIR DE SE REPRODUIRE.
CHAT ROULE, POUPÉE ?
OH, CHAT VA ...
... SI ON PEUT PLUS SE BALADER DANS LA RUE SANS SE FAIRE DRAGUER PAR DES PUCEAUX !
POUR MANIFESTER SON ENVIE DE MÂLE, LA FEMELLE USE DE SES CORDES VOCALES ...
JE VEUX UN MEC, VIIITE, LÀ, TOUT DE SUITE !
NON NON NON, PAS COMME ÇA, NE RÊVEZ PAS !
EN FAIT, ELLE BALANCE DES MIAULEMENTS DÉCHIRANTS. (SURTOUT POUR LES TYMPANS)
MIIIAAAAOOOOOOOOO
UUUUUOOOOOOOOO
ÇA VEUT DIRE LA MÊME CHOSE EN MOINS MÉLODIEUX.
LE PROBLÈME DES CHALEURS DE LA CHATTE, C'EST QU'ELLES DURENT DES HEURES ...
BALANCE-LUI QUELQUE CHOSE, UNE CHAUSSURE, UN FER À REPASSER ...
VAUDRAIT MIEUX LUI LANCER UN CHAT !
... QU'ELLES REVIENNENT QUATRE FOIS PAR AN ...
ENCORE ?
TOUS LES TROIS MOIS, COMME TOI !
... ET QU'ELLES PEUVENT DURER QUINZE JOURS ...
J'AI FAIT LE COMPTE, ÇA FAIT UNE BONNE SOIXANTAINE DE NUITS PAR AN !
... ET TOUT ÇA POUR UN ACCOUPLEMENT D'UNE DIZAINE DE SECONDES !
C'EST TOUT ?
OH, TU NE FAIS PAS MIEUX, TU SAIS !
OUI, MAIS MOI JE NE MIAULE PAS !
ET 2 MOIS APRÈS, LA CHATTE DONNERA NAISSANCE À DE MIGNONS CHATOUNETS QUI RENOUVELLERONT LE MÊME CIRQUE 6 MOIS PLUS TARD.
24

FAUT-IL CASTRER SON CHAT ?
UNE HISTOIRE DE BIJOUX DE FAMILLE.
SI VOUS VOULEZ ÉVITER ÇA :
OUVRE-LUI, J'EN PEUX PLUS !
AH NON ! ... PAS QUESTION QU'IL TRAINE DEHORS TOUTE LA NUIT !
GRATT GRATT GRATT
MIOU MIOU MIOU MIOU MIOU MIOU
VOUS AVEZ CETTE SOLUTION :
MAOOW ?
AU SUJET DE LA CASTRATION, LES AVIS DIVERGENT.
RAMSÈS EST UN PUR ABYSSIN ! JE CONNAIS SES ORIGINES DEPUIS DOUZE GÉNÉRATIONS. PLUSIEURS FEMELLES ESPÈRENT SA SEMENCE...
... VOUS COMPRENDREZ DONC QUE JE SUIS CONTRE LA CASTRATION !
IL NOUS POMPE L'AIR TOUTES LES NUITS, IL DISPARAIT PENDANT DES JOURS, IL GUEULE COMME UN SALE BÂTARD QU'IL EST !
... Y A INTÉRÊT QUE JE SUIS POUR LUI ZAPPER LES COUCOUGNETTES !
KROK KROK
MAIS QU'EN PENSE LE PRINCIPAL INTÉRESSÉ ?
ÇA VA PAS, NON ?!
... ARRÊTEZ DE ME CASSER LES BRELOQUES À VOULOIR ME LES COUPER !
TOC ! TOC !
IL FAUT LE COMPRENDRE...
IMAGINEZ QUE VOUS SOYEZ DANS LA MÊME SITUATION...
CHÉRI, J'EN AI MARRE QUE TU CAVALES APRÈS TOUTES LES VOISINES. JE T'EMMÈNE CHEZ LE MÉDECIN QUI VA TE FAIRE UNE ABLATION DES TESTICULES.
?
QUE RÉPONDRIEZ-VOUS ? ÇA :
BIEN SÛR, MON AMOUR, ... JE SUIS LIBRE MARDI APRÈS-MIDI, SI TU VEUX...
OU ÇA :
VLAAM !
CHÉRI ?
CHÉRIII ?!?
41

QUELQUES BONS CONSEILS D'ÉDUCATION

QUEL AMOUREUX DES CHATS ÊTES-VOUS ?
UN TEST CHACRÉMENT RÉVÉLATEUR
POUR VOUS, LA VIE N'A PAS D'INTÉRÊT SANS...
MRAWW!!!
: UN CHAPEAU.
: UN CHAMEAU.
: UN CHAT BEAU.
UN INCONNU VOUS OFFRE UN CHAT...
MAW?
: VOUS LE PRENEZ.
: VOUS PRENEZ L'INCONNU SUR VOS GENOUX.
: VOUS PRENEZ LE CHAT SUR VOS GENOUX.
VOUS PARTEZ EN VACANCES...
SUD
: AVEC RIEN.
: AVEC VOTRE CHAT.
: AVEC VOTRE CHAT OU RIEN.
CE QUE VOUS AIMEZ LE PLUS DANS LES CHATS, C'EST...
TAPATAPATAPATAP
: QUAND IL SORT.
: QUAND IL RENTRE.
: QUAND IL RESTE.
FAITES LE COMPTE DU NOMBRE DE QUE VOUS AVEZ, ET DÉCOUVREZ CI-DESSOUS DANS QUELLE CATÉGORIE D'AMOUREUX DES CHATS VOUS VOUS SITUEZ :
...DE 1 À 4, VOUS AIMEZ LES CHATS UN PEU...
TCHOMP
CROUNCH
CROUNCH
...MAIS PAS ENCORE ASSEZ ! ...DEUX CUILLÈRES À SOUPE DE PÂTÉE MATIN, MIDI ET SOIR DEVRAIENT VOUS AIDER À VOUS AMÉLIORER !
...DE 5 À 8, VOUS AIMEZ LES CHATS BEAUCOUP...
MRAW!!!
...MAIS C'EST LOIN D'ÊTRE PARFAIT ! ...SI VOUS FAISIEZ VOS BESOINS DANS SON BAC, ÇA NE VOUS FERAIT PAS DE MAL !
...DE 9 À 12, VOUS AIMEZ LES CHATS PASSIONNÉMENT...
RRRRRRRRRRRRRR
GNNNNN...
...PEUT-ÊTRE MÊME UN PEU TROP ! ...ARRÊTEZ DE MIAULER SOUS LES FENÊTRES ET RETOURNEZ VOUS COUCHER !
38

SPÉCIAL CHAT-CHAT À SA MÉMÈRE
COMMENT EN AVOIR UN ?
AVOUEZ-LE : VOUS EN RÊVEZ DEPUIS QUE VOUS ÊTES TOUTE PETITE...
QUI C'EST QUI VA FAIRE CÂLIN À SA MÉMÈRE ?
QUI C'EST QUI VA FAIRE CÂLIN À SON PÉPÈRE ?
PAF! PAF! PAF!
POF! POF! POF!
C'EST TRÈS FACILE, VOUS ALLEZ VOIR !
LUI TRICOTER UN PETIT MANTEAU.
J'ADORE VOTRE MANTEAU !
JE VOUS RETOURNE LE COMPLIMENT !
SI T'AS UN PLAN POUR T'ÉVADER...
FAIS-MOI SIGNE !
LE PROMENER EN LAISSE.
PAS SI VIIIITE !
...PAS SI VIIIITE !!!
HRHRHRHRHRHRHRHRHRHRHR
LUI OFFRIR UN PANIER PRÉTENTIEUX ET LUI DONNER UN NOM RIDICULE.
OLYMPUS IV
JE TROUVE SURTOUT QUE C'EST LE PANIER QUI EST RIDICULE !
MAW ?
TU VEUX DIRE QU'IL A UN NOM PRÉTENTIEUX ?
MARQUER TOUTES SES AFFAIRES À SON NOM.
PAS DE CHICHIS...
TU PEUX M'APPELER ROGER !
MOI, C'EST JACQUELINE !
OLYMPUS
ALTESS
OLYMPUS IV
L'EMMENER CHEZ LE COIFFEUR.
JE TOUCHE LE FOND !
CLC CLC CLC
PAS SÛR !
LES MÉMÈRES SONT CAPABLES DE TOUT !
OLYMPUS
ALTESS
39

COMMENT FAIRE FAIRE DE L'EXERCICE À SON CHAT ?
UNE, DEUX, UNE, DEUX, UNE, DEUX,
SOUVENEZ-VOUS : LORSQUE VOUS AVEZ ACCUEILLI MINOU, IL TENAIT TOUT JUSTE DANS LE CREUX DE LA MAIN...
COMME IL EST CHOU !
... ON DIRAIT UN PETIT POUSSIN !
MIOU...
HÉLAS, QUELQUES MOIS ET QUELQUES DIZAINES DE KILOS DE CROQUETTES ONT EU RAISON DE SA SVELTESSE.
REGARDE-MOI CE TAS DE SAINDOUX !
... UN VRAI COQ EN PÂTE !
MRAW !
IL Y A DEUX SOLUTIONS. PRIMO : LE RÉGIME
TU TOUCHES À MA GAMELLE, T'ES UN HOMME* MORT !
MRWAW
* SI VOUS ÊTES UNE FEMME, N'Y TOUCHEZ PAS NON PLUS !
SECUNDO : FAIRE DE L'EXERCICE
TU TOUCHES À MON PANIER, T'ES UN HOMME MORT AUSSI !
MRWAW
NOUS VOILÀ AU COEUR DU PROBLÈME : COMMENT CONVAINCRE VOTRE CHAT DE BOUGER SA GRAISSE ?
CAR AUTANT LE CHAT PEUT JOUER TROIS HEURES AVEC UNE CANETTE (AU MILIEU DE LA NUIT SI POSSIBLE), AUTANT L'IDÉE DU FOOTING NE L'ENCHANTE PAS !
CHÉRIE, LE CHAT NE VEUT PAS VENIR COURIR...
J'Y VAIS PAS NON PLUS !
SI, SI, TU Y VAS !
... TU EN AS AUTANT BESOIN QUE LUI !
... ET MÊME PLUS !
RRP
MRMRMR
IL FAUT LE MOTIVER ! COMME ÇA, PAR EXEMPLE :
MRHAMRAAHWWWWWW
MRAAWWWWWW
MRAARAAHAWW
SQUEEK !
OU COMME ÇA :
HARH HARH HARH HARH HARH
MMAAWWWW
CE QU'IL FAUT, C'EST TROUVER À VOTRE CHAT UN SPORT QUI LUI CONVIENNE.
25

QUELS SPORTS PRATIQUER AVEC SON CHAT ?
PLEIN, PLEIN, PLEIN CAR LE CHAT EST TRÈS SPORTIF.
LES SPORTS CÉRÉBRAUX
RRRRR
LES SPORTS DE BALLE
PING
PONG
RRRRR
LES SPORTS AQUATIQUES
RRRRRR
LES SPORTS PÉDESTRES
RRRRR
LES SPORTS EXTRÊMES
RRRRRRR
LES SPORTS D'ADRESSE
OUPS !
RRRR...
?
TCHK
LES SPORTS DE COMBAT
AGNNN...
RRRRRRR
LES SPORTS ÉQUESTRES
FROT
FROT
PFFRTT
RRRRRR
LES SPORTS EN CHAMBRE
RRRRR
VOUS VOYEZ, NOMBREUX SONT LES SPORTS AUXQUELS LE CHAT AIME PARTICIPER.
26

COMMENT PROMENER SON CHAT ?
C'EST PAS FACILE À TRIMBALER, C'T'ANIMAL-LÀ !
DANS LES TRANSPORTS ROUTIERS
S'IL EST SAGE : SUR LA PLAGE ARRIÈRE.
S'IL EST TURBULENT : DANS UN PANIER.
VOUS ALLEZ RIRE, JE ME SUIS TROMPÉE DE PANIER ...
J'AI OUBLIÉ LA BOUFFE !
MAW ?
DANS LES TRANSPORTS EN COMMUN
S'IL EST PEUREUX : DANS UN SAC.
HÉHÉ...
MRRAAWW !!!
PUSH
S'IL N'A PAS DE TICKET : DANS VOTRE POCHE.
HÉHÉ...
KLK
MRRAW !!!
DANS LES TRANSPORTS PÉDESTRES
S'IL EST PRUDENT : EN LAISSE.
GGARGL !
S'IL EST FEIGNANT : SUR DES ROULETTES.
COIFFURE
MAW ?
40

LE CHAT EN VACANCES EST-IL UN NON-SENS ?

ÇA DÉPEND DES CIRCONSTANCES.

LE CHAT CHEZ LE VÉTO...

POURQUOI LE CHAT N'EST-IL PAS LE MEILLEUR AMI DE L'HOMME ?
BEN OUI, POURQUOI C'EST LE CHIEN ET PAS LUI ?
PARCE QUE LE CHAT NE VOUS APPORTE PAS VOS PANTOUFLES QUAND VOUS RENTREZ DU BOULOT.
T'AURAIS PU METTRE TES CHAUSSONS !
T'AVAIS QU'À ADOPTER UN CHIEN !
MAW !
PARCE QUE LE CHAT NE REMUE PAS LA QUEUE SI VOUS LUI AVEZ FILÉ UNE ROUSTE.
SI JE TE CHOPE, TU VAS T'EN REPRENDRE UNE !
RWOWWIIAAooow
FSHHHHHHHH...
PARCE QUE LE CHAT NE FAIT PAS TOUT CE QU'ON LUI DIT.
ÇA MARCHE, TON DRESSAGE ?
"COUCHE" IL COMPREND !
... C'EST POUR "ASSIS" QUE J'AI DU MAL !
RRRRRRRRRRR
PARCE QUE LE CHAT NE RAPPORTE PAS CE QUE VOUS LANCEZ.
PAS MES ESCARPINS, RENÉ !
PAS MES ESCARPINS !
MIAOO
MIAOOO
PARCE QUE LE CHAT N'EST BON CHASSEUR QUE POUR LUI.
QUATRE HEURES DE MARCHE ET T'AS RIEN TROUVÉ !
... T'ES VRAIMENT NUL COMME CHIEN DE CHASSE !
MAW ?
PARCE QUE LE CHAT NE MONTE PAS LA GARDE.
AARRRRRRR
RMRMRMRMRMR
RRRRRRRRRR
PARCE QUE LE CHAT NE PEUT PAS SERVIR DE GUIDE.
HEUREUSEMENT QUE TU ES LÀ, MON MINOU...
... SINON, JE NE M'EN SORTIRAIS JAMAIS VIVANT !
TINK !
BOING
BENG
KRASH
GNNNNN
TK TK TK
29

LES ACCIDENTS DU CHAT
IL PEUT LUI EN ARRIVER PLEIN, DES MALHEURS !
LE CHAT N'EST PAS À L'ABRI DES ACCIDENTS DE LA VIE, COMME ON DIT.
UN CAMION SUR LA NATIONALE 7 !
... ET TOI ?
SEPT CAMIONS SUR LA NATIONALE 1 !
RISQUE : SE FAIRE COINCER LA QUEUE DANS UNE PORTE.
MIIIIAAAAOOO
SLAM
REMÈDE : RETIREZ LES PORTES OU COUPEZ LA QUEUE DU CHAT.
RISQUE : ÊTRE PRIS POUR UN LAPIN PAR UN CHASSEUR.
Fiuuuuuu...
Fiuuuuu...
Fiuuuuuuu...
Fiuuuuuu...
Fiuuuuuuuu...
HELP !
CHBF
REMÈDE : ADOPTEZ UN LAPIN, LES CHASSEURS LE PRENDRONT POUR UN CHAT.
RISQUE : S'ÉTOUFFER AVEC UN SAC PLASTIQUE.
HHHRRHHRR
RiiiPP
DEUX MINUTES 12...
RECORD BATTU !
REMÈDE : ON VOUS L'A DIT ET RÉPÉTÉ, QUE LES SACS PLASTIQUES, CE N'ÉTAIT PAS ÉCOLO.
RISQUE : S'ÉLECTROCUTER.
CHÉRI, ON DIRAIT QUE LE CHAT A BOUFFÉ LE FIL ÉLECTRIQUE...
KRZZTT
KRZZT
IL A QUELQUE CHOSE ?
LE CHAT ?
NON ! LE FIL !
REMÈDE : ÉCLAIREZ-VOUS À LA BOUGIE OU FAITES EMPAILLER LE CHAT.
RISQUE : SE BRÛLER LES MOUSTACHES SUR LA GAZINIÈRE.
ÇA SENT LE BRÛLÉ !
... Y A UN RÔTI AU FOUR ?
?
ZWOOOF
LE REMÈDE : UN SEAU D'EAU.
RISQUE : S'EMPOISONNER EN BOUFFANT N'IMPORTE QUOI.
JE ME DEMANDE POURQUOI LES LIMACES ONT MANGÉ TOUTES MES SALADES ?
JE ME DEMANDE SURTOUT POURQUOI CET IDIOT DE CHAT A BOUFFÉ TOUT LE POISON ?
BEUARK !
ANTI LIMACES
LE REMÈDE : DEVENEZ CARNIVORE.
31

ENCORE DES ACCIDENTS !
IL N'EN RATE PAS UNE, CE CHAT !
RISQUE : ÊTRE ASSOMMÉ
C'EST DINGUE CE QU'IL EST SOLIDE, CE VASE ...
C'EST UN CADEAU DE MAMAN, ... J'Y TIENS ÉNORMÉMENT !
LE REMÈDE : PLANQUER LE VASE
RISQUE : ABUSER DU CHOCOLAT
IL S'EST TOUT EMPIFFRÉ ! IL N'EN A PAS LAISSÉ UN SEUL !
VÉTO D'URGENCE !
L'EXCÈS DE CHOCOLAT EST SUPER DANGEREUX POUR LES CHATS.
UN VÉTO UN JOUR DE NOËL ? ...
ÇA VA ÊTRE FACILE, ÇA, ENCORE !
BRP
LE REMÈDE : FÊTER NOËL UN JOUR NON FÉRIÉ
RISQUE : SE FAIRE RENVERSER PAR UNE VOITURE
T'AS PAS ENTENDU UN "SBLAONG" ?
ÇA DOIT ÊTRE DANS LA RADIO !
LE REMÈDE : ÉCOUTER DES CD
RISQUE : SE FAIRE COURSER PAR UN MOLOSSE
50 EUROS SUR LE CHIEN !
TENU !
WAAF WAAF
MMWOOAAAAAOOOOOOOOOOR
LE REMÈDE : LE NOURRIR À L'E.P.O.
RISQUE : TOMBER DU 13° ÉTAGE
BELLE MAMAN, VOTRE CHAPEAU EST RAVISSANT ...
BADOM BADOM BADOM
HIN HIN HIN ...
LE REMÈDE : HABITER AU REZ-DE-CHAUSSÉE
RASSUREZ-VOUS, TOUS LES CHATS NE SONT PAS VICTIMES DE TOUS CES ACCIDENTS ...
JE VOUS DONNE MA CARTE DE FIDÉLITÉ ...
... AU BOUT DE 24 CONSULTATIONS, NOUS VOUS OFFRONS UN THERMOMÈTRE RECTAL !
DR MORE VÉTÉRINA
MRAW !
ILS SONT ASSEZ IMAGINATIFS POUR VOUS DONNER D'AUTRES OCCASIONS DE FONCER CHEZ LE VÉTO.
32

ET ENCORE DES SOUCIS !

QU'EST-CE QUE C'EST FRAGILE, CES PETITES CHOSES-LÀ !

PARLONS PEU MAIS PARLONS CHAT
LEÇON DE VOCHABULAIRE
CHAT-BLIS : IL BOIT TROP DE VIN BLANC.
HPS! HC!
CHAT-TAIGNE : FAUT PAS LE CHERCHER.
MRAAAW
SNIKT!
SNIKT!
CHAT-LOUPÉ : IL EST COMPLÈTEMENT RATÉ.
MIAOU MIAOU MIAOU MIAOU
CHAT-TOU : IL S'EST CHOPÉ UNE RHINO.
AAA...TCHAAA
CHAT-LAND : IL N'EST PAS PRESSÉ.
POMPOPOM PODOM
PUFPUFPUFPUF
CHAT-PITRE : TOUJOURS PRÊT À FAIRE LE CLOWN.
TADAAAAAAA
CHAT-LUTHIER : LE PLUS MÉLOMANE DE TOUS.
DZOÏNG! DZOÏNG!
PAF PAF PAF
CHAT-CHA-CHA : IL A LA DANSE DANS LA PEAU.
AAYAY CARAMBA
HEPPAAAA
AY!
MUCHACHO!
CHAT-GRIN : IL EN A UN PETIT DANS LA TÊTE, DE GRAIN.
BELEBELEBELEB
CHAT-PELLE : IL CREUSE SON TROU.
HAN! HAN! HAN!
R.I.P.
CHAT-SOEUR : SI CE N'EST LUI, C'EST DONC SON FRÈRE.
SCHP SCHP
CHAT-VIRÉ : QU'IL DÉGAGE!
PAF!
MIAO
43

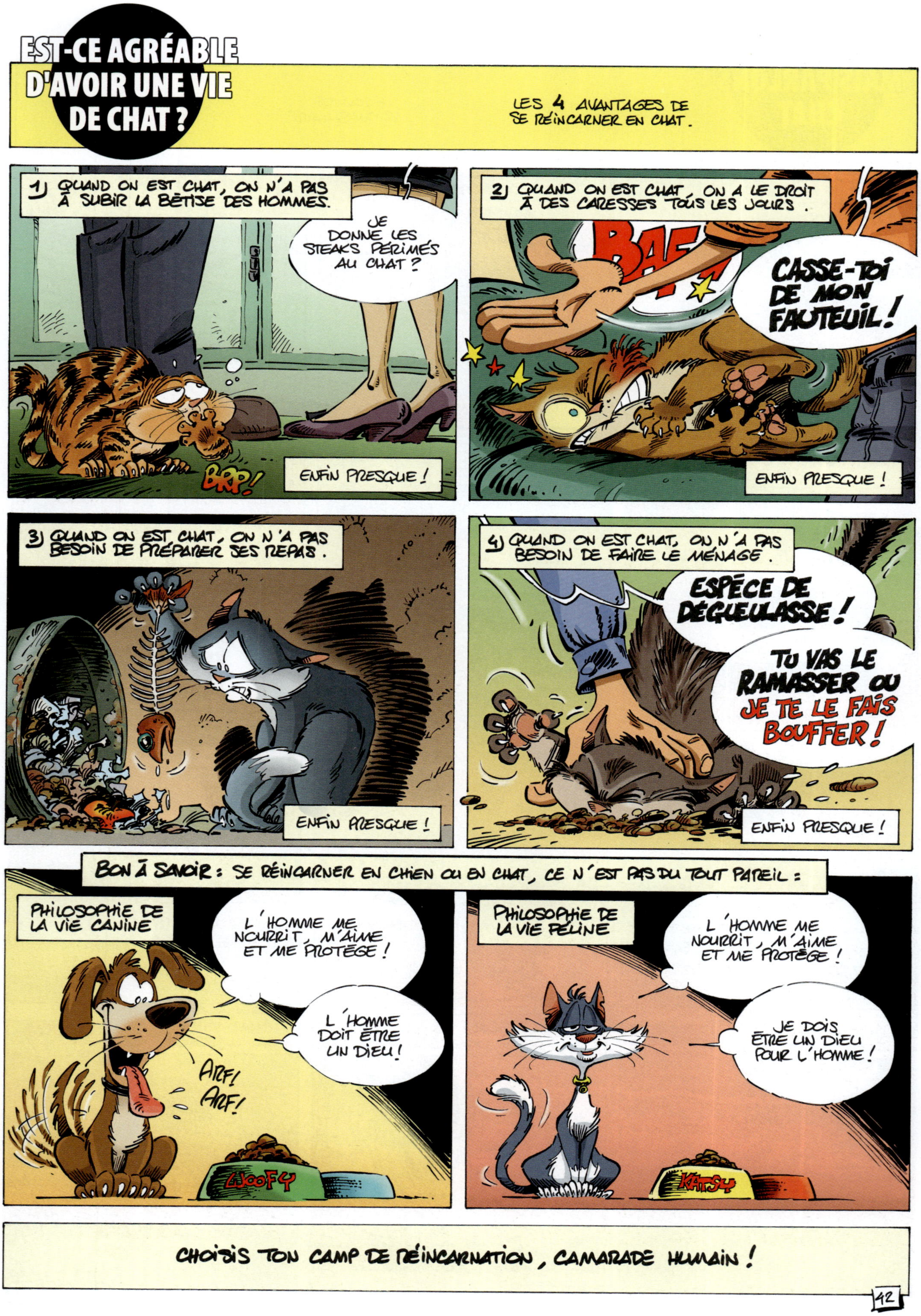
EST-CE AGRÉABLE D'AVOIR UNE VIE DE CHAT ?
LES 4 AVANTAGES DE SE RÉINCARNER EN CHAT.
1) QUAND ON EST CHAT, ON N'A PAS À SUBIR LA BÊTISE DES HOMMES.
JE DONNE LES STEAKS PÉRIMÉS AU CHAT ?
BRP!
ENFIN PRESQUE !
2) QUAND ON EST CHAT, ON A LE DROIT À DES CARESSES TOUS LES JOURS.
BAF!
CASSE-TOI DE MON FAUTEUIL !
ENFIN PRESQUE !
3) QUAND ON EST CHAT, ON N'A PAS BESOIN DE PRÉPARER SES REPAS.
ENFIN PRESQUE !
4) QUAND ON EST CHAT, ON N'A PAS BESOIN DE FAIRE LE MÉNAGE.
ESPÈCE DE DÉGUEULASSE !
TU VAS LE RAMASSER OU JE TE LE FAIS BOUFFER !
ENFIN PRESQUE !
BON À SAVOIR : SE RÉINCARNER EN CHIEN OU EN CHAT, CE N'EST PAS DU TOUT PAREIL :
PHILOSOPHIE DE LA VIE CANINE
L'HOMME ME NOURRIT, M'AIME ET ME PROTÈGE !
L'HOMME DOIT ÊTRE UN DIEU !
ARF! ARF!
WOOFY
PHILOSOPHIE DE LA VIE FÉLINE
L'HOMME ME NOURRIT, M'AIME ET ME PROTÈGE !
JE DOIS ÊTRE UN DIEU POUR L'HOMME !
KATSY
CHOISIS TON CAMP DE RÉINCARNATION, CAMARADE HUMAIN !
42

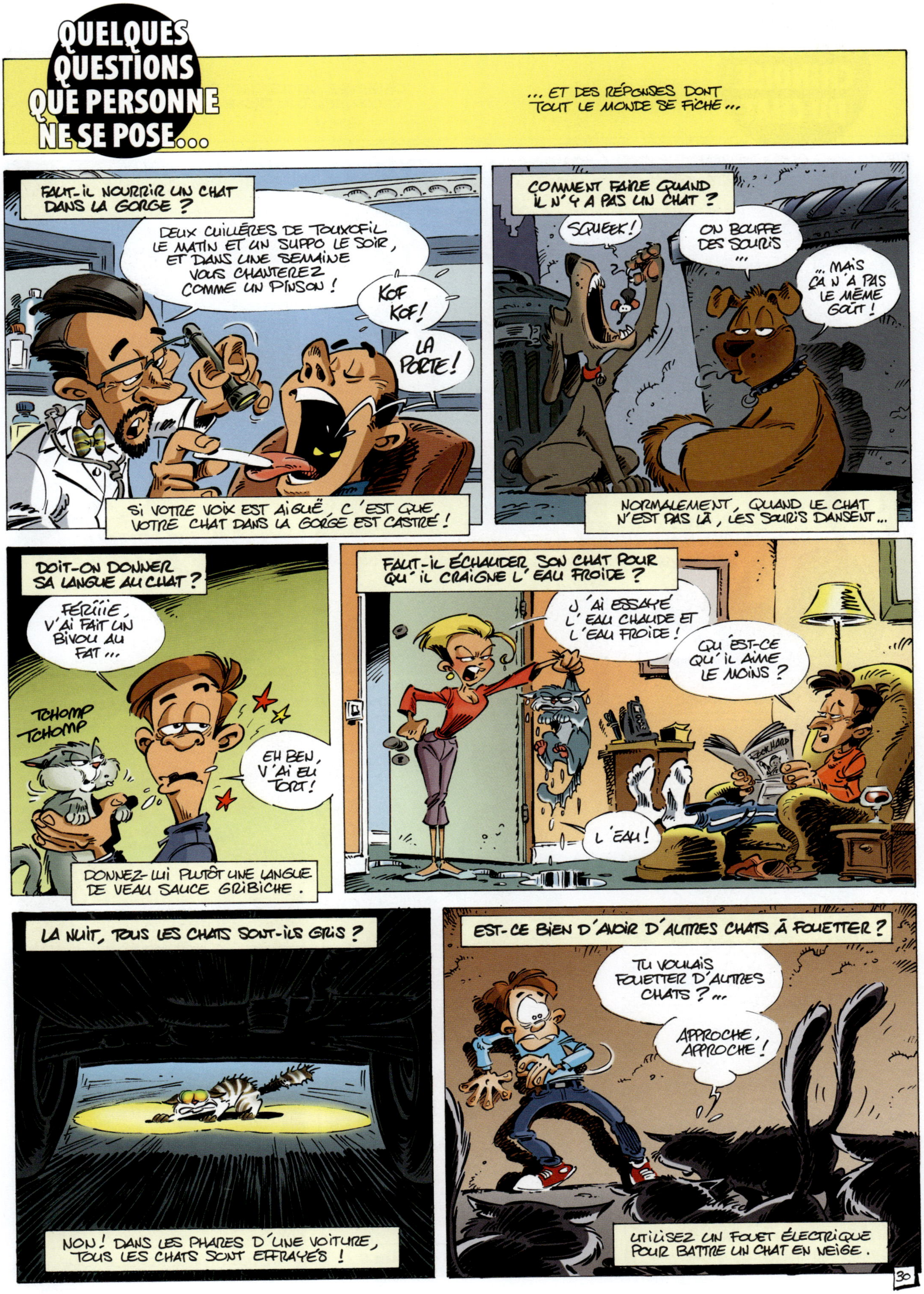
QUELQUES QUESTIONS QUE PERSONNE NE SE POSE...
... ET DES RÉPONSES DONT TOUT LE MONDE SE FICHE...
FAUT-IL NOURRIR UN CHAT DANS LA GORGE ?
DEUX CUILLÈRES DE TOUXOFIL LE MATIN ET UN SUPPO LE SOIR, ET DANS UNE SEMAINE VOUS CHANTEREZ COMME UN PINSON !
KOF KOF !
LA PORTE !
SI VOTRE VOIX EST AIGUË, C'EST QUE VOTRE CHAT DANS LA GORGE EST CASTRÉ !
COMMENT FAIRE QUAND IL N'Y A PAS UN CHAT ?
SQUEEK !
ON BOUFFE DES SOURIS ...
... MAIS ÇA N'A PAS LE MÊME GOÛT !
NORMALEMENT, QUAND LE CHAT N'EST PAS LÀ, LES SOURIS DANSENT...
DOIT-ON DONNER SA LANGUE AU CHAT ?
FÉRIIIE, V'AI FAIT UN BIVOU AU FAT...
TCHOMP TCHOMP
EH BEN, V'AI EU TORT !
DONNEZ-LUI PLUTÔT UNE LANGUE DE VEAU SAUCE GRIBICHE.
FAUT-IL ÉCHAUDER SON CHAT POUR QU'IL CRAIGNE L'EAU FROIDE ?
J'AI ESSAYÉ L'EAU CHAUDE ET L'EAU FROIDE !
QU'EST-CE QU'IL AIME LE MOINS ?
L'EAU !
LA NUIT, TOUS LES CHATS SONT-ILS GRIS ?
NON ! DANS LES PHARES D'UNE VOITURE, TOUS LES CHATS SONT EFFRAYÉS !
EST-CE BIEN D'AVOIR D'AUTRES CHATS À FOUETTER ?
TU VOULAIS FOUETTER D'AUTRES CHATS ?...
APPROCHE, APPROCHE !
UTILISEZ UN FOUET ÉLECTRIQUE POUR BATTRE UN CHAT EN NEIGE.
30

L'ASTROLOGIE CHINOISE DU CHAT
OBSERVEZ VOTRE CHAT POUR DÉCOUVRIR SON SIGNE.
HHRHAA
Hic!
Hic!
Hic!
VOTRE CHAT CRACHE LE FEU : IL EST DU SIGNE DU DRAGON.
MRAW... HUM...
MRÂÂÂRRR!
KOF KOF!
VOTRE CHAT A DE GRANDES DENTS : IL EST DU SIGNE DU TIGRE.
BROUTT BROUTT
VOTRE CHAT A DES CORNES : IL EST DU SIGNE DU BUFFLE.
BWOUF!
SCROUNCH! SCROUNCH! SCROUNCH!
VOTRE CHAT ABOIE LA NUIT : IL EST DU SIGNE DU CHIEN.
KOT!
VOTRE CHAT CHANTE À 6 H DU MAT : IL EST DU SIGNE DU COQ.
KRK KRK KRK KRK
VOTRE CHAT AIME LES CAROTTES : IL EST DU SIGNE DU LIÈVRE.
DRELIN
DRELIN
DRELIN
MAW?
VOTRE CHAT EST VENIMEUX : IL EST DU SIGNE DU SERPENT.
SQ... SQUEEK?
SQUEEEK!!!
VOTRE CHAT AIME LES SOURIS : IL EST DU SIGNE DU RAT.
MAAAAAAAAAA
VOTRE CHAT COURT TRÈS VITE : IL EST DU SIGNE DU CHEVAL.
GROÏÏK!
SPROTCH!
VOTRE CHAT EST SALE COMME UN COCHON : IL EST DU SIGNE DU PORC.
BOUGAH! BOUGAH!
VOTRE CHAT FAIT DES GRIMACES : IL EST DU SIGNE DU SINGE.
WOOOOOOOOO
MAW... HUM... BÊÊÊÊÊ...
VOTRE CHAT A PEUR DU LOUP : IL EST DU SIGNE DE LA CHÈVRE.
34

QUELQUES CHATS CÉLÈBRES
VOILÀ DES STARS À POILS !
DES CHATS CÉLÈBRES, IL Y EN A PLEIN LA BD ET LA TÉLÉ. CE SONT DES MÉGA-STARS QUE NOUS APPLAUDISSONS BIEN FORT.
DE GAUCHE À DROITE ET DE HAUT EN BAS, TU AURAS RECONNU :
RÉPONSE = THOMAS O'MALLEY (des Aristochats) © Walt Disney, TOM (de Tom et Jerry) © Hanna Barbera, SYLVESTRE (de Titi & gros minet) © Warner Bros, CATWOMAN © DC comics, FÉLIX LE CHAT © King Features Syndicate, LE CHAT de Geluck © Casterman, FRITZ THE CAT © Robert Crumb, BOULE DE NEIGE (des Simpsons) © Matt Groening et AZRAËL (des Schtroumpfs) © Peyo.
... MAIS IL Y EN A D'AUTRES, DES CHATS STARS. ON VA VOIR SI VOUS SAUREZ LES RECONNAÎTRE.
C'EST MOI QUI FAIS MES BESOINS SUR VOTRE PAILLASSON !
RÉPONSE = LE CHAT DE VOTRE VOISINE (ET VOUS NE LE SAVIEZ PAS !)
J'AI TROUVÉ CHAUSSURE À MON PIED !
RÉPONSE = LE CHAT BOTTÉ
LE PÈRE LUSTUCRU M'A BOUFFÉ (AVEC DES PÂTES) !
RÉPONSE = LE CHAT DE LA MÈRE MICHEL
JE SUIS LE COPAIN DE RENART.
RÉPONSE = TIBERT (DANS LE ROMAN DE RENART)
JE CONNAIS TRÈS BIEN UN CÉLÈBRE SORCIER !
RÉPONSE = MISS TEIGNE (DANS HARRY POTTER)
JE FAIS MA TOILETTE VINGT FOIS PAR JOUR !
RÉPONSE = ALPHONSE (DANS LES CONTES DU CHAT PERCHÉ)
JE PEUX DISPARAÎTRE AVEC LE SOURIRE !
RÉPONSE = LE CHAT DE CHESTER (DANS ALICE AU PAYS DES MERVEILLES)
37

LE PLUS EXTRAORDINAIRE DES CHATS

C'EST QUI ?

VOUS POUVEZ DÉCOUPER ET ENCADRER CETTE PAGE QUI FERA LE PLUS BEL EFFET DANS VOTRE SALON.

Les Guides en BD

Les guides junior

Les Guides au féminin

Offrez une sou

Votre chat s'ennuie ?
Il a fini de déchiqueter tous vos rideaux ?
Il a détruit vos pulls en cachemire et vos caleçons en pilou ?
Il a bouffé votre poisson rouge avec toutes les arêtes ?
Jouer avec vos enfants ne l'amuse plus ?
Attention, attention ! Votre chat risque de devenir neurasthénique !

Pour éviter ce gros malheur qui poussera votre matou à se réfugier dans le sommeil (si, si, c'est possible, il peut dormir encore plus que la normale), donnez-lui un compagnon amusant et docile :

Une magnifique souris en origami.

Suivez les instructions ci-après, c'est facile et pas cher !

fig. 1

fig. 2